AF315479

COUTUME

D'AIRE ET DU MAS

EXTRAIT

DU

Bulletin d'Histoire et d'Archéologie de la province ecclésiastique d'Auch.

AUCH

IMPRIMERIE ET LITHOGRAPHIE FÉLIX FOIX, RUE BALGUERIE

1862

COUTUME D'AIRE ET DU MAS.

C'est à tort que P. de Marca, et après lui plusieurs historiens du Sud-Ouest, ont confondu la ville d'Aire sur l'Adour avec l'antique Sotia. Des anciens itinéraires et des récentes découvertes de l'archéologie, il résulte invinciblement que Sotia, prise et ruinée par P. Crassus, lors de la conquête de l'Aquitaine, était bâtie sur l'emplacement du bourg actuel de Sos, dans le département de Lot-et-Garonne. Aire et le territoire des Tarusates tirent probablement leur nom d'un radical euskarien, *adur*, *atur*, eau courante, à cause du voisinage de l'Adour. Sous les Romains, la cité s'appelle *Aturæ*, *Aduræ*, *Vicus Julius*, *Adurensis*. Lors de l'occupation wisigothique, elle devient plus d'une fois la résidence des rois barbares, et c'est là qu'Alaric II promulgue la compilation juridique d'Anianus et de Gojarich. On ignore l'époque précise où le christianisme y fut apporté. Marcellus, le premier évêque connu, assista au concile d'Agde (506). La poétique légende de sainte Quiterie paraît remonter à l'époque de la domination arienne. Le bourg du Mas, longtemps distinct de la ville, est bâti sur une colline, et c'était là qu'on gardait le corps de la patronne de la contrée. Les moines de Saint-Benoît y élevèrent une abbaye placée sous son invocation, et leur pouvoir balança bientôt celui des évêques, qui finirent par réunir le pouvoir abbatial et pontifical, et prirent le titre d'évêques d'Aire et d'abbés de Sainte-Quiterie (1228). La ville et son territoire étaient tenus en paréage par l'évêque, le chapitre, les moines, et le roi d'Angleterre en sa qualité de duc de Guienne, ainsi qu'il résulte d'un acte de 1230, imprimé avec l'acte d'union de 1228, dans le tome VI de l'*Histoire de la Gascogne* de Monlezun. Ce paréage avait eu lieu au mépris des suzerains de Béarn, vicomtes de Marsan, et ayant comme tels des droits sur la ville d'Aire. Après de longues querelles, les prétendants finirent par s'entendre. Edouard III, roi d'Angleterre, l'évêque Garsias, représentant le chapitre et l'abbaye, et Gaston de Béarn, vicomte de Marsan, accordèrent aux habitants, en 1332, la coutume dont on va lire le texte jusqu'à présent inédit. Les seigneurs paréagers se réglèrent aussi sur leurs droits respectifs, par un acte non daté, mais certainement postérieur à la concession de 1332, à laquelle il fait allusion. A partir de la rédaction des priviléges, tout l'intérêt de la vie municipale est dans la lutte des jurats d'Aire contre l'évêque, et leurs prétentions respectives donnent lieu à de nombreux procès, ainsi qu'il est arrivé dans la plupart des villes de paréage ecclésiastique. Ces détails étant complètement inutiles pour l'intelligence du statut local, je ne crois pas devoir en faire mention. Tout ce qui a trait à l'ancien collége, l'un des plus béaux et les plus célèbres du Sud-Ouest, revient de droit à mon ami Léonce Couture, et sera de sa part l'objet d'une de ces études si complètes dans lesquelles il dispose déjà les éléments de son *Histoire littéraire de la Gascogne*.

Aire, capitale du petit pays de Tursan, dépendait autrefois du parlement de Bordeaux. Parmi les onze grandes coutumes de ce ressort, imprimées au xviiᵉ siècle, figure celle de Marsan, Tursan et Gavardan. Cette loi générale n'était point exclusive des priviléges spéciaux et des constitutions particulières. Exemples : la coutume de Mont-de-Marsan publiée plusieurs fois, la coutume de Gabarret, encore manuscrite, concédée en 1329 par Gaston de Foix, et conservée dans les archives de Pau, etc., etc. Le texte de celle d'Aire n'a pas été publié non plus, et j'en dois communication à l'obligeance de M. Piraube, adjoint au maire de cette ville. L'original est perdu, mais il en existe deux copies : l'une authentique, faite en 1628 par le notaire Depassan, greffier de la commune, l'autre insérée dans un cahier de pièces, grossoyé par le procureur des jurats à l'occasion d'un de ces nombreux procès soutenus contre les évêques (1). Autant que je l'ai pu, j'ai suivi la première leçon, dont l'orthographe, quoique variable et défectueuse en plus d'un endroit, est cependant préférable. La seconde a sur celle-ci l'avantage d'être ponctuée, et de combler certaines lacunes résultant de l'inexpérience paléographique du notaire Depassan, ou causées par la dent des rats. La langue romane, dans laquelle ce document est conçu, ne m'a point paru assez obscure pour comporter une traduction, et j'ai cru pouvoir me dispenser aussi de tout commentaire historique et juridique.

23 mai 1862.

Jean-François BLADÉ.

(1) Voici le catalogue des pièces contenues dans ce cahier, et dont les plus importantes seront publiées plus tard dans le *Bulletin du comité d'histoire et d'archéologie de la province ecclésiastique d'Auch*. Le premier feuillet manque.

1° Serment réciproque de Gaston de Foix, vicomte de Marsan, et des jurats d'Aire, (1345. Trad. franç. tirée des archives de Pau, 2e feuillet;

2° Copie d'hommage par les jurats et habitants d'Aire à Eléonor de Comminges, mère et tutrice de Gaston, comte de Foix et vicomte de Marsan (1345), texte roman, 4e feuillet;

3° Confirmation des priviléges d'Aire et du Mas par Gaston de Foix (1436), texte roman, 7e feuillet;

4° Id. par Catherine, reine de Navarre, texte roman (1489), 7e feuillet.

5° Id. par Madeleine, princesse de Viane, tutrice de François Phébus, texte roman (1476), 8e feuillet;

6° Hommage à Louis XIII par les consuls d'Aire et du Mas (1614), 9e feuillet.

7° Id. à Louis XIV (1662), 10e feuillet;

8° Prolongation de la charge de principal du collége d'Aire (1607), 11e feuillet;

9° Nomination et création du principal du collége (1622), 12e feuillet.

10° Acte de Me. Pierre Pascau, maître-ès-arts, touchant la régence du collége d'Aire, etc., 14e feuillet;

11° Opposition de Jean Cadroy, jurat d'Aire, au paiement des gages du principal, 15e feuillet;

12° Concordat entre les jurats et l'évêque d'Aire (1634), 16e feuillet;

13° Priviléges, fors et coutumes (1332), 18e feuillet;

14° Accord entre Christophe de Foix, évêque d'Aire, et les jurats de cette ville (1567), 25e feuillet;

15° Réduction du nombre des jurats d'Aire (1677), 26e feuillet;

16° Arrêt du parlement de Bordeaux entre l'évêque et les jurats (1644), 28e feuillet;

17° Requête civile des jurats sur les priviléges d'Aire et du Mas, 30e feuillet.

18° Copie des titres communiqués par l'évêque d'Aire dans un procès contre les jurats, 34e feuillet;

19° Copie du paréage du chapitre d'Aire, 39e feuillet;

20° *Consulte* pour les jurats et habitants d'Aire (1669), 42e feuillet;

21° Autre *consulte* de 1680, 44e feuillet;

22° Sentence des commissaires de Gaston de Foix, vicomte de Marsan, par laquelle est justifié que ledit vicomte a baillé aux villes d'Aire et le Mas le pouvoir de faire corps et communauté, etc., 46e feuillet, en roman;

23° Traduction de ladite sentence, 49e feuillet;

24° Advis du sieur Ducamp... la conférence tenue au lieu de..., près Cauna, entre l'évêque d'Aire et les jurats, 52e feuillet (non chiffré).

Stillus seu Forus Aduræ et Manso.

Summe videtur expediens ut humana negotia in scriptis redigantur, ideo ad rei gestæ memoriam perpetuam habendam, ne temporis antiquitate pereant vel deleantur propter novitatem fori et consuetudinum universitatis Adurensis que Mansi translatum, fideliter sequitur in hunc modum.

Notum sit : Que noble En Mr Oliver de Hunguam cavaler en loc et en nom de excellent prince moss^or Edoart Rey de Angleterre duc de Guienne, et lo molt noble moss^or En Gaston, compte vicomte de Bearn et de Marsan; et lo Reverend pay en Jesus–Christ M^r per la gracii de Diu d'Ayre et de saincte Quiteyre abesque, losdicts seignors unidement el acordement per nom que dessus et per cascun de lours et per touts lours herets et successours presents et abiendours, purement et franquement, de lor bon grat et de lor certa science, et de touts lor drets certificats, an ordenat et autrejat à touts et sengles lous vesins et vesines de la universitat d'Ayre et deu Mas, presents et abiendours nascuts et a naiche, francquisses et libertats uzatges et padouens, fors et coustumes, en la forme et maneyra que sensieq.

I. Qualque vencut sera per jutgement de la court de la vielle doni sieys sos morlaus au seignor, condan nau ardits per cascun so morlaux.

II. Nul vesin de la viele no combatera; mey que se defendi segon que dret et costume vol.

III. De plague leyau de vesin LX sos morlaux aux seignors; LX sos morlaux au plaguat a la coneguence dous jurats ou de la maior partide si clam y a.

IV. Si aulcun homi stranger a aulcun homi de la vielle deu, aquet a qui deu lou penheri ou lo fassi penherar et si no lo trobe que lo fasse seguir.

V. Si aulcun de la vielle mort chens fe testemen et no a fils ou fillas, ou pay ou may ou autre parent a qui leyaument apartenguî son heritatge, la mieytat deus bens mobles sien datz per sa animi a coneguence deus jurats et l'autre mieytat aux seignors; terres et autres bens immobles apartenguin au seignor deu fiu.

VI. Si los seignors ou lun de lors, ou lun contre lautre an guerre, que siguin lun de lours si aquet die se tornen a la maison.

VII. Et si aucun homi mudar se vol de la vielle franquemen sen ani én qualque loc se vol segurar, et posqui bener et dar sas proprietatz a qui si vulge ab toutes sas causes.

VIII. Negun homi vesin de la vielle no sie pres en la vielle si fidance pot dar au seignor de la vielle sino per crim.

IX. Si aulcun homi embasiva lo vesin en sa maison ou autre homi y enheri aux biens ou en qualque maneyra l'embasivera en sa maison, quadehun embadidor xı sos de morlaux deu au seignor de la maison et xx sos de morlaux aux seignors de la vielle, quart et quart.

X. Et cadehun qui embasiva lou besin en sa proprietat fors de sa maison pagui sieys solz de morlaux aus seignors deu loc et a la vielle quart et quart si probar se pot.

XI. Et si embasguen hostau en la proprietat deu vesin per aulcun ou aulcune mort ou plague ou alep ou autre dampnatge, si ere feyt ou donat au seignor deu hostau ou de la proprietat ou a autre personne qui aquets ou aqueres qui l'embasivement auren feyt fossen tienguts et convencuts et punits de la mort, plague, alep ou dampnatge qual que foce, entro a tan que monstren en loc que lo seignor no pusqui far son deber la un de lor qui lou dampnatge aura feyt et aquet medix qui ac aboace.

XI. Lou seignor no deu treige suber non clamant si aquet medix clamant no se monstre.

XII. Si aulcun de la vielle aucun pelerin ou marcader ausiva per son aber deux testimonis ou tres aura de qui en aban faira sa justicy segon la volontat et esgoart de la court.

XIII. Et si en aute maneyre es feyt assi cum fors de la vielle et bon jugement, que fassin prumerement que lou mort sie sepelit.

XIV. Si aucun vesin de la vielle ausiva homi stranger que doni la ley com dessus es dict et no sie mort ni exilat, sino lo mort fosse de tau for ou embe cum si mort abe homi de la vielle.

XV. Aquet qui vesin de la vielle ausiva mouri, et agin de las causes deu murtrer ccc sols morlaux los seignours per far la execution et c sols de morlaux la vielle, et si aquet qui la mort aure feyte no ere atent, lou prim deu morl aye cccc sos morlaux en los bens et causes deu murtrer si tant abonden ou sino so que abondaran.

XVI. Tout homi de la vielle qui crompar pouyre terres..... ne prener..... ne autes causes en las mans de los seignours et de lours bayles monstrats los seignors no los ac deben destardar aban nous autrejar et..... de nous medix et de touts homis saubas bendes et preparance et lour..... dretatges.

XVII. Tout homi de la vielle pusqui prener lairon o layronessa, et

los deu delivrar aux seignors per far dreturau justici et per sous drets
saubar.

XVIII. Si homi maridat es atent ab femne que lac fosse fors de sa
molher ne femne maridade ab autre homi fors de son marit, corrin
mic de las carreres nud et nude ou doni aux seignours c sols morlaux.

XIX. Nul homi no quasi qui tort agi ou vesin de la vielle si ab
absols dequet aqui tort agi no affeyt.

XX. Lou seignor no deu mettre ni emparar en la vielle ene-
la vielle ni de aulcun vesin de la vielle sino per far dret de luy.

XXI. Lous seignours de la vielle guissin lou marcat et las feyres
tout homi qui vienqui si se fidance, ou deutor no es, ou tort criminau
no y a per se medix, et lou die de marcat que sie lo dimercles apres lo
die deu marcat de Cazeres et dabant lo dibes deu marcat de Nogaro, et
lo die abant ny lo die apres no sie arreytat ny pres.

XXII. Tout marcadie et marcadiere si am de bestiars ou de aute cause
bien au marcat ou y es aportade sie quities de peatgi sino ben, et si
ben pagui lou vendour lo peatgi acoustumat et lo crompedou no pagui
re sino quand arrebenoce en lou peatgiu.

XXIII. Si nous cabalgan ab los seignours ou ab lun de lours so que
preneran es noste la mieytat, fors de cos de homi : si es caber seignor
de castet qui aben mille sos morlaux, et d'aute caber c sos morlaux, de
bourges xx sos, de labourador et de serven..... sieys sos morlàux si es
desarmat et x sos morlans si es armat. Ase et saume es d'aquet qui lou
pren.

XXIV. Si fem batalh de cam ab lo seignor tout so que preneran es
noste fors de cos de homi et aquet render deu (?) lou personatge cum
deban es dict.

XXV. Sen cabalgue hom en la vielle et pren caval o arrossin, que
deben a render aux seignors ab x sos per cascun, ou ab la sere qual
nous bulhan.

XXV. Si prenen chibau ni cos de homi ainsi com deban es dict en
toutes aquestes anades.

XXVI. Si borges de la viella va cum caber pren cum caber.

XXVII. Si om nos cabalgui et seguin per nous medix tout so que
guadagneran es noste.

XXVIII. Si los seignors et nous abem guerra en cavalgan per nous
medix tout quant que gadagneran es noste.

XXIX. Si aucun homi sen bien en la viella et feyt lou segrament
en las mans deus seignours ou de lours bayles et deus jurats, si esta

an et die chetz clam ni arrencure de qui en aban lou deben aperar com abesin.

XXX. Tout homi qui vien poblar en la viella et prengue per molher iilla de vesin ou de vesina de la vielle, sie recebut vesin per los seignours si la court de la vielle conneix que sie sufficient et sie statiant en la viella.

XXXI. Tout homi que viengui ab sa marcaderie en la viella et homi de la viella la crompi en camin ou en la vielle lou oste deu vendedor ne agy la mieytat si la vol per lou medix pretz que vendude sera.

XXXII. Si homi de la viella a pleyt ab lo seignor lou vesin pot tansar lou jutgement et lo seignor no a luy.

XXXIII. De nulle cause que lo seignor ou aute homi nous aperi nous deu trege de la vielle ni jutgar for de la court de la viella, sino que en aute maneyre no sie obligat.

XXXIV. Si lo seignor qual que sie ve bataila e tribails en la viella los trobe armats queus pot aber tiendra si bol per que lou mau no pogi, e ques deu dar a moilhebar per nau dies e que lous deu accordar si pot et si accordats no los abe..... e la fidance deben star tienguts que per aquets que om lous pernomi.

XXXV. Negun homi no veni vin en la viella ni en lo bailiatge si de la viella basut no es ou deu tien tan cum de la viella marchand y sie a esgoard deus jurats de poiade prener an toutes e tantes bets cum vist lour sera.

XXXVI. Tout homi despuix que aura feyt vidar son bin ainxi cum feyt lou aura vidar ainxi lou venera chem poyar, et si mesure faulse es trobade sieys sos morlaux deu aux seignours et aquere medix ley sie dade a toutes autres mesures faulses que trobade sera per faux pes.

XXXVII. Et si nul homi vol vin stranger aportar en la viella ny en la bailiatge per arrebende que juri sur lous saincts evangelis de diu aux seignours que nou vendera ne vender fara a nul homi stranger ab mesure grosse ny pauca ny en nulle aute maneyre tant cum de la viella ny aura de marchand, e si ac faze ny homi lo ac podose probar que sie armancous parjuris et xii sos de morlaux que paguera e lou vin que sera en cours e lous diners que pres ne aura et asso sera per miege la meytat aux seignors e la meytat a la viella.

XXXVIII. Aquet qui ferira vesin de la viella en degun nombre per que lou perqui en tostemps sen doli pagui cccc sos morlaux, cl aux seignors, cl au ferit e c à la viella, et sino pode pagar que demori prens et los seignors no lo deben leixar entro las susdites leyes agi pagadas et deu estar un an for de labescat.

XXXIX. De mort de plague de alep et de toute iniuri scapi lo vesin per homi stranger per so que lo homi stranger scapara deu vesin aqui on lou homi stranger aure son loc.

XL. Qui dera pugnade, aureilhade, de baston, de peire ou de tarroque, ou en autre maneyre maliciosemen ferira ou.... en plague fara qui no sie leyau sieys sos de morlaux aux seignors paguera per vesin et sieys sos au vesin per la vergoigne et lou dampnatge esmendat selon la qualitat ou 'testement deu ferit a esgoard deus jurats et de la maior partide si lo ferit seu sera clamat et sino... per homi stranger XII diners morlaux aux seignors et XII diners morlaux ou ferit si clamant es.

XLI. Aquet qui crompera terres vignes maisons ou autes hereditats ou possessions en la viella ou en lo bailiatge que so aqui crompat aure tie an et die chetz clam de qui en abant nul prim tournan qui son en lo abescat arro..... no y podes demandar et si..... chens aquet an et die e apretes la hereditat qui aure crompade perde per..... per tornar..... que si abe melhuorat haquet heretat..... ny feyt costatge ny mention per leretat fornis que aquet qui la heretat..... lou esmendan lou cost que feyt y auré et la melhuorament et asso a conegude per homis.

XLII. Nul homi no pusque penhorar fils no filha deu vesin ni de vesie tant cum lou pay ou la may armanguin senhors et possessors de las causes empero la que fors son medix senhor de las causes sie tengut de pagar et adaquet a qui deura e de tier lous coumbenes que aura.

XLIII. Tout homi que ses obligat ab carte publique..... de comana de bordiou de crompa de gazailles..... contracts ou de tout contracts sie tengut de...... a la demande que lo sera feyte ab la carte..... nulle dilation autreyan ou negan la demande.

XLIV. Aquet qui darriguera ou falchera arbre que sie estat plantat ou nourit si es vit ou aute abre frut lebant ou no lebant part la volontat dequet a qui sera per cascun XX s. de morlaux lo coste, los dets au seignor de l'arbre et la tale esmendade au doble a esgoard deus jurats ou de la maior partide, et los autes dets son aux seignors de la viela quart et quart si lo dampnatjant es clamant ou rencurant aux seignors ni aux jurats.

XLV. Et qui part volentat qui fera prenera frut de vigne, de verge ni de aute aubre ny erbe de prat ny blat aux camps ny ortalise dins orts de die dets s. de morlaux lo costera, et si en pren ab sac ab capa ab tistet en faulte ny en senes ny en capayron ny en double ab degun aute spleit sieys sos de morlaux lo coste de die et de noeyt lo doble a coneguence deus jurats eu de la maior partide et sie la ley lo tiers deus seignors et lo tiers de la viela et lo tiers deu mesatge.

XLVI. Egon arrossin ase saume mul boeu moton aoilhe boc porc en prat tout lan embarrat et en pleix de vigne et en casau et porc et troje en prat tout lan et boc et crabe en aubarede iiii diners morlaux per besti menude i d. morlanx et la tale esmendade per lou doble cum dict es, et lou pastor qui goeyti bestiar e begi que fassi tale et no lo giti lo plustot que pusqui pagui iiii sos morlaux et de neyt lon doble part cum dessus et la tale esmendade au doble. Qui aulcun pas obrira ou barrat trabersera homi ou bestiar esmendi la tale ou doble cum dessus.

XLVII. Qui de dies per la volontat dequet qui sera en pesquer de vesin de la vielle pesquera ny conilh prenera en plaper autruy ny en la terre de quoey lo plaper sera ny coloms ny colomes autruy ny en la terre deu seignor deu colomez trente sos de morlaux lou costi, lous dets sos au seignor deu pesquer deu plaper ou deu colomer et la tale esmendade au double et lous vint sos aux seignours et a la vielle quart et quart et de neyt lou doble.

XLVIII. Cascun en sa proprietat pusqui casar et prener coloms, colomes conilhs de quoey que sien chems far tesura uy picailh et alors ii s. de morlaux lou costan lou ters aux seignors et lou ters a la vielle et lou ters a qui lacuseré et pusquin cassar et pesquar et prener autres casas et pesquen segon que an acoustumat.

XLIX. Lous Bailes de ladite viela..... a conechence deus jurats que jurin aux sans avangelis et sur la † en la court de leyaument usar en lor offici et que lo serment penhery lo deutor a la instanci deu creditor si lo deutor autregi la deute plus balera lo ters diner ou plus valent ou creditor quel tengui per nau dies continuats segurment et apres lous nau dies que lo face vendre aux inquants publics deus seignors et si per abenture livrabe tant..... que per tene no per gardar no combiengos far mession aquere mession sie paguade et per far ladite penhere et execucion dedans la vielle agi lo..... i d. morlaux et defore tres diners morlaux ei asso que sobrira de la valor deudit prets paguat lo creditor et la mession si ny abe lo..... et lo incantador sie arrendiu au deutor et si per abenture denegabe lo deute no fos penherat mais que si........ teni la penhere et autre et per estar a dreit et lou seignor et lo baile qui assiguin lour partides a court et domande ere de xx s. de morlaux au de qui en bat lou fos tengut de respone afferman ou denegan la demande et aquet atau qui vencut seré per jutgement de la court deux sos de morlaux doni aux seignors et si la domande es de vingt sols en plus sie la ley de sieys sos de morlaux et domandat et different segon lo for et la coustume de la vielle et los biens de la fermance sien quitis ab tantes que......... que biens deu acabat coume dessus es dict.

L. Lenquant et lenquantador sie metut per metut per mieges per los seignors et per lau vielau et so que sera venut a lenquant per lo enquantement aye valor et los seignors et lau vielau y portin garentide..... loen encantador de so que venera deu prume so un dine et de qui en sus deux dines per liure.

LI. Tout homi de la viella ou deu bailiatge et lours fils et fillas et lours bestiars et lours bens et causes et de quascun de lor son quiti de vendre..... en ladite viela et en lo bailiatge et en lous peatgius de Cazeres, de Renung, de Viau et agin franquesses usatges libertats..... padebent et espleit aquets et per aquets ainxi et per ainxi om et par om lous parropians de sainct Jean d'Ayre et de saincte nostre dame de sober subchargues (*sober Fargues?*) et de sanctpé deu mas et de saincte Quiteyre et de cadua de lor an ny aber..... ny deben.

LII. Et si arres perchaben las terres si mas ny trobaben que donat ou affiusat no auren que aquere que so fosse ou se trouban fosse deu seignor deu fiu sauban plaut et cubert que escape ab las entrades et ab las fins (?) que deuré.

LIII. Que los maseles (*aliàs* carnasses) sien tenguts ab segrement bene bones carnes et sanes a esgoard deus bailes et deus jurats a la peno de sieys sos morlaux pagadours aux seignors et a las viela.

LIV. Que cause pendente tien ny met en la viela et aquet a tau no lentrey quant ne sie requerit sieys sos de morlaux aux seignours et a la viella doni.

LV. Cascun vesin pusque far defenças a esgoard deus jurats et de la maior partide sie la detzena part de sa terre... et aquet... clame de barat et quant sie baradeirade sie defendude ab corn pei la viela per mandament deus seignours et deus jurats et qui tale y fara en arbre ou en fruit (*aliàs* blat, vin) ou en herbe paguera la ley et la esmende com en talas dessus dict per homi et per bestiar empero nul laboredor ny carretedor per coirlhe (?) calhibe ab deu tumon et ab deu art ny per corde daret ny darran ny per cordon ny per amolade ni muler per trilh no pagui petche sino en vignes et que en tous cas lous bailes ou lun de lour ab lous juratz ou a la maior partide pousquin thier ouyr instar et aquero que per lor sera conegut ou intiat agi valor.

LVI. Et que aquere qui sera en la man de lun deus susd. seignors agy valor quant a tots et ainxi medix clamor feyte.

LVII. Item que negun homi ny nulle fenne de la viella ni lours fils ny fillas ny compagnes ny lours biens ny causes no sien pres ny arrestats ny marcats ny banits en la terre et destret de los seignors ny de cadun de lor per nulle cause sa man..... no es obligat.

LVIII. Et si los susd. seignors aben conteste entre los medix las gens de la viela no sou tenguts de aiudar a lun seignor ny contre lautre ny los seignors ny lor compagnie no deben dar ny far dampnatge ny penha (?)..... ny merque ni puchiu ni tribailh lun a lautre en arre ny en cor ny en causes de lune de losdits besins en la viela ny en la bailiatge ny en fore gessin ne a qui tournan.

Et toutes et sengles las susd. causes prometon octroian losdits seignors per nom que dessus ensemble et per sengles aux besins et habitans poblans de ladite ciutat dayre et deu mas parropians de las diches parropias et cadun de lor qui son et seran per temps tier complir servar toutes et sengles las causes susdiches sauban et protestan toutes autres et sengles bonnes franquesses uzatges et libertats desquaus en aquesti inscriut non es feyt mention expressa que valen et octreyen losdicts seignors que son tiengudes et servades ainxi cum si aissi eron scriutes et nommadas et asso feyt au campbegorre lan mil tres cens trente deux.

Le present extraict a esté faict par moy notaire et greffer de ladicte ville soubs signé, en la mesme forme et maniere quil a estè trouvé enregistré dans ledict libre sans addiouter ny diminuer et en foy de quoy me suis signé. Ayre le quinziesme jour de janvier mil six cent vingt huict.

DEPASSAN Not^{re} royal et greffier de lad^e maison commune.

BULLETIN

DU

COMITÉ D'HISTOIRE ET D'ARCHÉOLOGIE

DE LA

PROVINCE ECCLÉSIASTIQUE D'AUCH.

Cette publication, d'où sont extraites les pages qu'on vient de lire, s'imprime dans ce même format.

Trimestrielle dans sa première année, 1860, elle a paru tous les deux mois dans le courant de 1861, de manière à fournir, en son deuxième volume, 700 pages de texte, avec *planches et vignettes*.

Le prix du troisième volume, qui débute avec l'année 1862, est de 6 fr. pour les quatre diocèses qui forment la province actuelle d'Auch, et de 8 fr. pour le reste de la France.

Le prix de chacun des deux premiers volumes est le même, pris à Auch, que celui de la souscription annuelle. Par la poste on paie 1 fr. en sus.

On souscrit, à Auch, chez M. Foix, imprimeur-lithographe, administrateur de la publication du *Bulletin*; et chez M. E. Falières, éditeur-libraire, rue de l'Intendance.

Toute communication relative à la rédaction doit être adressée à M. l'abbé FAUQUÉ, professeur de rhétorique au petit séminaire d'Auch; ou bien à M. LÉONCE COUTURE, rédacteur en chef du *Bulletin*, et professeur d'histoire au collége de Lectoure.

www.ingramcontent.com/pod-product-compliance
Ingram Content Group UK Ltd.
Pitfield, Milton Keynes, MK11 3LW, UK
UKHW021724130726
13696UKWH00006B/2520